Heiner Zeller

Контакты

Ein Russischlehrwerk für die Schule

Band 2

Schülerarbeitsheft
von
Anna Radostewa-Elsner

Max Hueber Verlag

Das Werk und seine Teile sind urheberrechtlich geschützt.
Jede Verwertung in anderen als den gesetzlich zugelassenen
Fällen bedarf deshalb der vorherigen schriftlichen
Einwilligung des Verlages.

3. 2. 1. | Die letzten Ziffern
2000 1999 98 97 96 | bezeichnen Zahl und Jahr des Druckes.
Alle Drucke dieser Auflage können, da unverändert,
nebeneinander benutzt werden.
1. Auflage
© 1996 Max Hueber Verlag, D-85737 Ismaning
Verlagsredaktion: Lektorat Projekte, Gaby Bauer-Negenborn M.A., Starnberg
Umschlagfoto: Wjatscheslaw Mitrochin, Orjol
Satz: Satz+Layout Fruth GmbH, München
Druck und Bindung: Ludwig Auer GmbH, Donauwörth
Printed in Germany
ISBN 3–19–064459–4

Inhalt

Урок	1	На олимпиаду!	4
Урок	2	На даче	13
Урок	3	Города-партнёры	22
Урок	4	У вас всё по-другому	31
Урок	5	Третий Рим	40
Урок	6	День самоуправления	49
Урок	7	Я не хотел бы жить в такой квартире!	59
Урок	8	Перестройка	68
Урок	9	В гостях у Тургенева	78
Урок	10	СССР	88

1 На олимпиаду!

1 *Wenn du die Wörter in die richtige Reihenfolge bringst, erhältst du sinnvolle Sätze.*

1. никто | учительница | не | думает | что | экскурсию | ехать | на | хочет

_____

2. в | по-немецки | к | сожалению | никто | русской | говорит | не | делегации

_____

3. очень | все | экскурсии | ученики | конца | ждали

_____

4. наша | никто | спортом | не | занимается | знал | что | учительница

_____

5. а | встреча | всего | чемпионат | прежде | Европы – | настоящее | это | не | весёлая | соревнование

_____

6. на | митинг | школе | проходит | в | а | не | стадионе

_____

7. | гостиницей | переводчица | что | в | семь | мы | перед | сказала | собираемся

_____

8. | школу | не | тебе | пора | в | Наташа | ?

_____

2 Ergänze »моя подруга« (а), »ваша сестра« (б) und »наша переводчица« (в) im richtigen Kasus.

а)

1. О _____ я могу рассказать много интересного.

2. _____ живёт в России, в городе Владимире.

3. _____ зовут Настя Смирнова.

4. У _____ скоро будет день рождения.

5. Вместе с _____ мы отдыхали в молодёжном лагере.

6. Скоро я поеду в гости к _____ во Владимир.

б)

1. Мы познакомились с _____ на олимпиаде в Москве.

2. Мы не хотели ехать на экскурсию без _____ .

3. _____ хорошо говорит по-немецки.

4. Вчера вечером мы долго ждали _____ в гостинице.

5. Этот юноша часто вспоминает о _____ .

в)

1. _____ живёт в центре Москвы, недалеко от ГУМа.

2. Вчера у _____ был день рождения.

3. Вся группа поздравила _____ с днём рождения.

4. Шофёр автобуса сказал, что ему нравится работать с _____

   _____ .

5. У _____ очень много друзей в Германии.

6. Мы хотим послать открытку _____ из Берлина.

7. Но сейчас речь идёт не о _____ , а о поездке в Москву.

3 *Wofür entscheidest du dich: »много« oder »многие«?*
Übersetze die Sätze ins Deutsche.

1. В Москве всегда _____ туристов.

2. _____ туристы покупают сувениры в ГУМе.

3. У меня есть _____ друзей.

4. В диктанте у меня было _____ ошибок.

5. _____ ошибки он сделал потому, что плохо учил грамматику.

6. _____ русские люди любят читать.

7. На улице _____ людей.

8. Вчера _____ ученики не были готовы к уроку.

9. Наша переводчица сказала, что у неё всегда _____ работы.

10. В московском университете _____ студенты хорошо говорят

    по-немецки.

4 Ergänze die Endungen.

1. Он приехал в состав_____ коман_____ «Бавария».

2. Встреча с немецк_____ групп_____ проходит в клубе.

3. Наш_____ групп_____ собирается в семь перед гостиниц_____ .

4. Чемпионат Европ_____ по футбол_____ проводится в Гамбурге.

5. Я уже много лет занимаюсь спорт_____ , а именно, лёгк_____ атлетик_____ .

6. Перед дискотек_____ было очень много юношей и девушек.

7. Все очень ждали конц_____ экскурс_____ .

8. Никто не хотел ехать на экскурс_____ .

9. В нашем класс_____ никто не занимается музык_____ .

10. Наш_____ переводчиц_____ пора идти на работ_____ .

11. Мо_____ подруг_____ волнуется перед экзаменом по русскому язык_____ .

5 Vervollständige die Sätze und überlege zu jedem Satz eine sinnvolle Variante.

1. Не пора тебе _____ ?

_____

2. Я очень волнуюсь перед _____ .

_____

3. Скажите, пожалуйста, как проехать до _____ ?

_____

4. Мы собираемся перед _____ .

_____

5. Раньше он занимался _____, а сейчас он занимается

_____ . _____

_____

6 Ergänze »твоя команда/ваша делегация« im richtigen Kasus.

1. Сколько человек в _____ ?

2. В какой гостинице живёт _____ ?

3. Вечером _____ не было в дискотеке.

4. Вчера вечером мы видели по телевизору _____ .

5. Кажется, завтра будет пресс-конференция с _____

_____ .

6. Не пора _____ в аэропорт?

7 Ergänze die benötigten Wörter (Текст – краткий вариант).

1. В берлинском аэропорту Ш_____ Астрид из

_____ и другие ученики ждут _____ в Москву.

2. Вместе с командой ФРГ на олимпиаду _____

_____ летит Зигрид Генриховна Шмидт.

3. Олимпиада – не _____ , а прежде всего _____

_____ юношей и девушек из _____ Азии,

Африки, Австралии и А_____ .

4. Участники поедут даже в «_____», где

тренируются русские _____ .

5. На экзамене Астрид должна отвечать перед _____ .

6. Она _____ билет и может рассказать о _____ .

8 *Vervollständige die Sätze und ergänze die Wörter im richtigen Kasus.*

1. У меня нет (твоя кассета/ваша открытка/твоя игрушка/ваша книга).

   _____

   _____

2. Давай встретимся перед (твоя школа/наша гостиница/наша дискотека/твоя квартира). _____

   _____

   _____

3. Давай пойдём в кино с (твоя сестра/наша бабушка/наша переводчица/ваша учительница).

   _____

   _____

4. Кого нет дома? – (Моя сестра/моя бабушка/твоя сестра/наша учительница) сейчас нет дома. _____

   _____

   _____

5. Я вижу на полке (твоя книга/ваша кассета/моя пластинка/твоя открытка/ваша матрёшка/наша ложка). _____

   _____

   _____

9 *Bilde den Imperativ der Verben und schreibe sinnvolle Sätze.*

1. рассказать (о) – ваша группа

_____

2. работать (с) – наша переводчица

_____

3. читать (о) – наша гимназия

_____

4. спросить (у) – ваша учительница

_____

5. посмотреть – ваша школа

_____

6. потанцевать (с) – моя подруга

_____

7. взять (у) – твоя бабушка

_____

8. договориться (с) – твоя сестра

_____

10 «Ум хорошо, а два лучше!» *Versuchen wir gemeinsam, den Text (полный вариант) nachzuerzählen.*

1. В Берлине, в аэропорту Шёнефельд немецкие ученики ждут _____ . Это не просто группа туристов, а _____ . Все они разговаривают, шутят, никто не хочет показать, что _____ . Наконец, самолёт _____ .

2. В Москве на улице Качалова 16 _____ . Мама тоже думает, что Маше уже пора _____ . Маша хорошо знает, как _____ . Маша едет встречать свою старую _____ .

3. Олимпиада русского языка проводится _____ . Она проходит _____ . Участники олимпиады живут _____ . 22-го июня на открытии олимпиады М. Н. Вятютнев _____ . Для участников организовали _____ .

4. Экзамены начинаются _____ . Первой из немцев _____ . Сначала она рассказывает о _____ . Комиссия спрашивает её о _____ , но она не _____ . Поэтому _____ .

5. В семье Смирновых Астрид _____ . А больше всего ей понравился _____ .

11 Verwende die angegebenen Wörter und vervollständige die Sätze. Übersetze sie anschließend ins Deutsche.

каждый   поэтому   через   прежде всего   жаль   даже   довольно   кроме

1. В этом году мой друг кончает гимназию. А потом он хочет учиться в университете. Значит, _____ год он уже будет студентом.

2. Я очень люблю историю, а не математику. Жаль, что история у нас в школе не _____ день, а только один раз в неделю.

3. Олимпиада по русскому языку – это _____ весёлая встреча учеников из разных стран.

4. Она _____ не могла объяснить, почему она сделала ошибку.

5. Я думаю, что принимать участие в международных соревнованиях – это _____ интересно.

6. Наша учительница русского языка организовала эту встречу, _____ именно она приветствует гостей.

7. Как _____ , что ты не занимаешься спортом! Это хорошо для здоровья.

8. _____ нашего преподавателя никто не знал, где тренируются русские космонавты.

2 На даче

1 Jeder Kasten enthält fünf sinnvolle Sätze. Findest du alle?

```
много   с луком.   Для чего   можно   Это очень   только грядки
друзей   овощи и фрукты?   А как иначе   удивляет   наших немецких
На улицах   Москвы я вижу   На русской даче   вам нужна   мы видим
дача?   выращивать   иностранных машин.
```

```
не очень нравится.   стоят очень   На русской даче   их сами.
Помидоры и картошка   сегодня вечером   Раньше в Москве   в ресторан.
моей маме тоже   пойдём ужинать   выращивают   Работать в огороде
не было   обычно не   иностранных машин.   Давайте-ка лучше
поэтому дачники   газонов.   так много   дорого,   бывает
```

2 Ergänze »нужен, нужна, нужно; нужны«.

1. Я хочу приготовить борщ. Но дома у меня нет картошки, мяса, лука, моркови. Значит, тебе _____ лук, _____ картошка, _____ мясо, _____ морковь. Пойдём в магазин!

2. Мы пригласили друзей на обед. На десерт у нас будет фруктовый салат. Но мы ещё не купили бананы, апельсины, лимон, ананас. Значит, вам _____ лимон, _____ ананас, _____ бананы и апельсины.

3. К сожалению, у меня нет газеты, журнала и письма. Разве тебе сейчас _____ газета, _____ журнал, _____ письмо?

4. Нет, ему совсем не _____ старые кроссовки, а мне не _____ красный галстук.

5. У них в семье пять человек. Я думаю, им _____ большая квартира.

6. Разве вам не _____ интересная книга?

7. Переводчица знает, что немецким туристам _____ хорошие сувениры.

8. Эта пластинка у меня уже есть, она мне не _____ .

9. Дома у меня очень много книг, поэтому мне действительно _____ ещё одна полка.

10. Кому не _____ деньги? Всем они _____ . Но ещё больше _____ здоровье!

11. Нашему городу не _____ метро.

3 Schreibe zehn Minidialoge (Frage – Antwort).

Для чего	ты вы он она твоя подруга ваша учительница ваша семья наша группа	нужен нужна нужно нужны	фрукты бюро вагон-ресторан машина деньги письмо официант кухня кроссовки такси грамматика адрес номер телефона	?

А как иначе можно	приготовить фруктовый салат поговорить с нашей переводчицей, когда она дома учить немецкий язык послать (schicken) письмо немецкой подруге приехать в театр сегодня вечером заниматься лёгкой атлетикой готовить обед каждый день купить билет на самолёт пообедать в поезде поехать на дачу заказать обед в ресторане узнать, что написала испанская подруга хорошо работать	?

4 Überlege dir zehn Sätze mit folgenden Wortverbindungen.

Например: У меня дома много немецких книг.

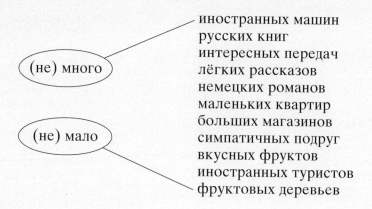

5 Löse die Klammern auf.

1. (Моя подруга) _____ нравится ужинать в ресторане.

2. (Я) _____ не нравится работать в огороде.

3. Немецкие туристы нравятся (русская переводчица) _____ _____ .

4. Скажи-ка, она (ты) _____ очень нравится?

5. Одно (я) _____ удивляет: Почему (русский) _____ туристы обычно (хотеть) _____ купить машины?

6. (Иностранный) _____ машины (стоить) _____ очень дорого.

7. Бабушке очень (хотеться) _____ бы покупать овощи на (рынок) _____ .

8. На (ваша дача) _____ я вижу только (грядка) _____ с (лук) _____ .

9. Моя сестра (удивляться) _____, для чего (мы) (нужн___)

   _____ две машины.

10. (Я) _____ удивляет, почему на (улица) _____ Москвы так

    много (иностранная машина) _____ .

6 Beantworte die Fragen.

1. Для чего тебе нужна машина?
   _____

2. Что обычно выращивают русские люди на даче?
   _____

3. Что такое «грядка» и где она обычно бывает?
   _____

4. Где лучше покупать фрукты и овощи? Почему?
   _____

5. Чем обычно занимаются русские дачники летом?
   _____

7 Ergänze »наш город« (а), »ваш преподаватель« (б), »твой брат« (в) und »ваше соревнование« (г) im richtigen Kasus. Übersetze die Sätze ins Deutsche und anschließend – bei geschlossenem Buch – wieder ins Russische. Vergleiche deine Übersetzung mit den vorgegebenen Sätzen.

а)

1. _____ не очень большой, но очень красивый.

2. У _____ есть город-партнёр в России.

3. Экскурсия по _____ очень понравилась русским туристам.

4. В _____ есть большой парк, а в парке – чёртово колесо.

5. Вчера по телевизору показывали _____ .

6. Нет, речь идёт не о _____ , а о Германии.

7. Вам тоже хотелось бы познакомиться с _____ ?

8. Приезжайте в _____ , посмотрите его сами!

б)

1. Я живу недалеко от _____ .

2. Ты знаешь, как зовут _____ ?

3. _____ очень хорошо знает русский язык.

4. Недавно в газете писали о _____ .

5. У _____ есть много русских книг.

6. Вчера вечером мой друг играл в шахматы с _____ .

7. Ученики показали мне старую машину _____ .

в)

1. Мне очень нравится _____ .

2. Мне очень нравится разговаривать с _____ .

3. Когда день рождения у _____ ?

4. Мне хотелось бы поздравить _____ с днём рождения.

5. _____ всегда нужны деньги.

6. Я знаю, что у _____ есть много друзей.

7. Я не понимаю _____ , когда он быстро говорит.

8. У _____ никогда нет времени.

9. Расскажи мне о _____ , я хочу побольше знать о нём.

г)

1. Когда и где будет проходить _____ ?

2. Уже всё готово к _____ ?

3. А сколько дней осталось до _____ ?

4. Все участники много тренируются перед _____ .

5. Давайте поговорим прежде всего о _____ . Юноши и

девушки из многих стран мира приехали на _____

_____ .

6. Этот журналист хорошо описал _____ .

8 а) *Bilde mindestens zehn Sätze mit den Wörtern aus dem Kasten. Das Verb »работать« steht mit dem Instrumental (кем?)!*

		переводчик/-чица
		преподаватель
		экскурсовод
		администратор
	мать	учитель/-ница
мой	отец	кассир
твой	сын	гид
его	дочь	шофёр
её	бабушка	продавщица
наш	дедушка	журналист/-ка
ваш	сестра	медсестра
их	иностранец	космонавт
этот	девушка	бухгалтер
эта	мужчина	инженер
	человек	официант/-ка
		швейцар
		парикмахер
		директор

b) Ergänze die Fragen und beantworte sie.

Кем работает _____ ? Кем он/она раньше работал/а?

Как ты думаешь, работать _____ интересно? Почему?

А кем ты хочешь работать?

9 Bilde aus den Präpositionen und den Substantiven Paare. Wenn möglich, ergänze Possessivpronomen.

Например: перед моим кубком

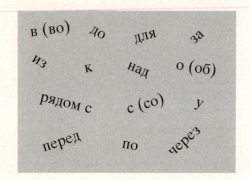 

_____

_____

_____

_____

10 Ergänze die passenden Wörter (Текст – краткий вариант).

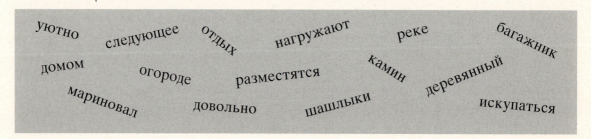

1. Саша и его папа _____ «Москвич».

2. Кирстен удивляется: _____ уже не закрывается.

3. Саша улыбается и говорит, что все _____ .

4. Дача Брусковых – это симпатичный _____ дом.

5. У них _____ большой участок.

6. В самой даче очень _____ .

7. В комнате есть большой _____ .

8. Саша хочет вместе с Кирстен пойти к _____ , где можно _____ .

9. Прямо за _____ папа готовит _____ .

10. Кирстен не знает, чем папа _____ мясо.

11. На _____ утро все работают в _____ .

12. Разве это _____ ?!

11 Beantworte die Fragen (Текст – полный вариант).

1. Когда и с кем Кирстен поехала на дачу?
2. Ты можешь рассказать немного о машине, на которой они едут на дачу?
3. Почему Кирстен спрашивает о газонокосилке?
4. Какая дача у Брусковых?
5. Что удивляет немецкую девушку, когда она смотрит на участок?
6. Почему дачники в России обычно сами выращивают овощи и фрукты?
7. Где плавают Кирстен с Сашей? Что они делают потом?
8. Кто такая Юлия? Зачем она бежит к реке?
9. Как Брусковы готовят шашлыки?
10. Чем все занимаются на следующее утро?
11. Почему Саша не отвечает папе после обеда?
12. Как мама помогла Кирстен и Саше?
13. Что хочет сделать Кирстен, когда они вернутся в Москву?

3 Города – партнёры

1 *Bringe die Wörter in die richtige Reihenfolge. Übersetze die Sätze ins Deutsche.*

1. Дрезден. | Мэр | город-партнёр | посещает | Санкт-Петербурга

_____

2. театр. | очень | Мой | любит | друг | посещать

_____

3. эту | туристы | посещают | Многие | выставку.

_____

4. предлагает | концерта. | Наш | подготовить | программу | учитель | интересную

_____

5. нам | по | предлагаешь | участие | Ты | принять | в | Дортмунду? | экскурсии

_____

6. без | друг | предлагает | Её | отдыхать | в | родителей. | каникулы

_____

7. | немецким | Ученики | на | городом. | спрашивают, | партнёрство | кому | пользу | с | _____

8. | не | Вы | этого | Разве | мнения? | разделяете | _____

9. | две | класс | Я | команды. | на | думаю, | надо | что | разделить | _____

10. | этого | в | урока | группе | После | впечатление, | нашей | что | возникло | это | учить | интересно. | грамматику – | _____

11. | с | чувство | моими | Какое | у | возникло | родителями? | тебя | встречи | после | _____

12. | хорошую | Найти | библиотеке. | и | книгу | в | можно | нашей | _____

2 Verbinde die Wörter zu sinnvollen Wortverbindungen.

дружить	перед	Россией и Германией
разделить	в	школьниками
поехать	между	русским городом
рассказать	на	родителями
жить	к	экзаменами
отдыхать	с	три группы
встретиться	о	русских людей
отношения	у	бабушке
встреча	вместе с	кассы театра
купаться	среди	возникновении партнёрских отношений
волноваться	перед	пользу партнёрским отношениям
выступать	на	Москве-реке

3 Beantworte die Fragen. Die Wörter in den Klammern helfen dir dabei.

1. Кем ты хочешь стать? Кем хочет стать твой друг? (журналист/директор/переводчик/стюардесса/мэр)
2. Что хотят подготовить школьники? (новая встреча/официальная программа/экскурсия/интервью с родителями/совместный лагерь/интересная выставка/конкретные вопросы/лёгкие названия)
3. С какими русскими городами дружат немецкие города? (Кёльн дружит с…/Дрезден – с…/Дортмунд – с…/Ротенбург – с…/Оффенбах – с…)
4. Где тебе хотелось бы провести каникулы в этом году? (совместный лагерь/город-партнёр в России/Италия/русская дача/курорт)
5. Что (не) любят посещать твои друзья? (выставка/дискотека/аэропорт/концерты поп-музыки/городские музеи)
6. В чём ты (не) любишь принимать участие? (митинги/демонстрации/молодёжные встречи/спортивные соревнования/обыкновенные поездки)
7. Как можно разделить класс? (две группы/три команды/пять групп/шесть команд)
8. С кем ты хочешь встретиться в каникулы? (русские друзья/дачники/официальные партнёры/интересные люди/иностранные делегации/мои друзья)

4 Bilde mit den Wörtern Sätze. Was geschah in den angegebenen Jahren (Текст - краткий вариант)?

1966	посещать/молодёжная группа

| 1984 | Дворец пионеров/кружок/подготовить

_____

| 1988 | Бавария/встретиться/язык/ежедневно/подписать

_____

| 1989 | повториться

_____

| 1990 | открыться/обеспечивать

_____

| 1991 | болеутоляющее средство/обратиться/послать

_____

**5 Verwende die Wörter und vervollständige die Sätze.
Achte auf die richtige grammatische Form.**

> лекарство   тысяча   средство   Дворец пионеров   обратиться
> сотня   инициатива   послать   учебник   открываться   помощь
> преподаваться   аптека   обеспечивать   второй   собрать

1. Раньше почти во всех русских городах был _____ .

2. По _____ оффенбахцев в Орле _____ открылась специальная немецкая школа.

3. В этой школе _____ немецкий язык со _____ класса.

25

4. Город-партнёр _____ школу _____ и оргтехникой.

5. В _____ не было даже болеутоляющих и жаропонижающих _____ .

6. Немцы собрали _____ _____ марок для русского города-партнёра.

7. Потом они _____ медикаменты в город-партнёр для русских людей.

8. Вам нужна моя _____ ? – Нет, спасибо, я хочу написать письмо самостоятельно.

9. Мне кажется, что вы больны. Вам надо _____ к врачу, и он даст вам нужное _____ .

6 *Ergänze »мои подруги« (a) und »наши учителя« (б) im richtigen Kasus. Notiere den Kasus und übersetze die Sätze anschließend ins Deutsche.*

а)

1. _____ хорошо учатся в школе.

2. Я всегда жду _____ у входа в дискотеку.

3. Проводить каникулы без _____ мне неинтересно.

4. Я ежедневно думаю о _____ .

5. Я хочу послать письма _____ в Россию.

6. Эти пластинки я купила для _____ .

7. Я уже давно дружу с _____ .

8. _____ всегда нужны деньги.

9. С _____ я встречаюсь очень часто.

б)

1. Отношения между нашим классом и _____ довольно сложные.

2. _____ всегда задают много вопросов.

3. Мы не любим разговаривать о наших учебниках с _____ .

4. Мы не всегда разделяем мнение _____ .

5. Иногда _____ повторяются.

6. Ты хорошо помнишь _____ ?

7. Мы подготовили хороший концерт для _____ .

8. Директор школы не любит разговаривать с родителями о _____ .

9. Мы предложили _____ принять участие в соревнованиях.

7) Bilde Sätze aus den Wortketten.

1. В – школа – работать – 24 – учитель.

_____

2. У – я – есть – 125 – рубль.

_____

3. В – коллекция – только – 952 – марка.

_____

4. Наши друзья – отдыхать – 22 – день.
   _____

5. Вчера – у – мы – быть – много – гости: – 23 – человек.
   _____

6. В – наш – класс – 25 – человек.
   _____

7. Вчера – я – получить – два – письмо, – а – мой брат – пять – письмо.
   _____

8. Подождать, – пожалуйста, – три – минута.
   _____

9. Я – прийти – через – пять – минута.
   _____

10. Через – десять – день – быть – каникулы.
    _____

8 Schreibe mindestens drei verschiedene Zahlen vor jedes Wort.

_____ директоров	_____ рубля	_____ день
_____ копеек	_____ минуты	_____ билет
_____ минут	_____ марок	_____ марка
_____ аптек	_____ учебников	_____ дней
_____ дня	_____ час	_____ часа
_____ часов	_____ рубль	_____ минута

9 *Bilde mit dem vorgegebenen Zahlen Sätze. Schreibe sie in dein Heft.*

У меня/тебя	есть	5 6 7 8 9 10 11 12	адрес. письмо. машина. план. текст. рубль. роман. рассказ. час. подруга. марка. задание. книга. вариант. вопрос.

10 *Übersetze die folgenden Wortverbindungen ins Deutsche.*

1. много дел – _____

2. конкретный пример – _____

3. например – _____

4. конкретная помощь – _____

5. обратиться за помощью – _____

6. встреча с друзьями – _____

7. разделять ваше мнение – _____

8. найти новых друзей – _____

9. принять участие в соревновании – _____

10. стать директором школы – _____

11. личные контакты – _____

12. интересные каникулы – _____

11 a) Schreibe die Zahlen in Worten (Дополнительный текст, стр. 73).

Например: Население (город)   110.000
Население города – сто десять тысяч.

Население	Москва	8.747.000 (1992 г.)
	Мюнхен	1.326.000 (1993 г.)
	Берлин	3.457.000 (1993 г.)
	Санкт-Петербург	4.437.000 (1992 г.)
	Одесса	1.096.000 (1992 г.)

b) Finde die Bevölkerungszahlen von anderen europäischen Großstädten heraus. Nenne die Zahlen auf russisch, und bitte eine/n Mitschüler/in, deine Angaben an der Tafel zu notieren.

12 Wie lauten die Geburtsjahre dieser berühmten Persönlichkeiten auf russisch?

Год рождения	Чехова	1860
	Гоголя	1809
	Достоевского	1821
	Пушкина	1799
	Чайковского	1840
	Гёте	1749
	Бетховена	1770
	Моцарта	1756
	Брехта	1898
	Горбачёва	1931

13 Wie lauten die Endungen der Substantive nach den Ziffern im Kasten?

У моего друга есть	1	квартира	письмо	подруга
		дом	статья	учебник
		дача	дело	зонтик
У вас есть	2	грядка	участок	кинотеатр
	3	номер	шкаф	подруга
	4	тема	дача	комната

4 У вас всё по-другому

1 Suche zu jeder Satzhälfte links die passende Hälfte in der rechten Spalte.

1. В нашей стране	тебе не мешает?
2. Ты видишь разницу	почему у них такой порядок?
3. Мы заметили, что между	выступить перед всем классом.
4. Весёлая музыка	зависит от авторитета учителя.
5. Твоя младшая сестра	всё по-другому.
6. Я не понимаю,	вам не мешает?
7. Вы понимаете, почему	того, перед кем они будут выступать.
8. Ты понимаешь,	между Петербургом и Москвой?
9. Мы обсуждаем	почему в русской школе нет групповой работы.
10. Политики обсуждают	русским и украинским языками нет довольно большой разницы.
11. Русские школьники выступили	от погоды.
12. Я думаю, ты должна	программу нашей поездки.
13. У нас в школе часто	с номерами художественной самодеятельности.
14. Это зависит	результаты переговоров.
15. Это зависит от	между людьми есть большая разница?
16. Дисциплина на уроке	бывает групповая работа.

2 Ergänze die passende Präposition. Übersetze die Sätze anschließend ins Deutsche.

между с перед от у для

1. Он думает, что это зависит не только _____ политиков.

2. Я предлагаю встретиться _____ кассы театра.

3. _____ чего вам нужна эта книга?

4. Старый пилот не волнуется _____ стартом.

5. Это зависит не _____ меня, а _____ погоды.

6. Вы заметили разницу _____ братом и сестрой?

7. Я не хочу отдыхать вместе _____ родителями.

8. Наш учитель выступает _____ докладом о нашей школьной системе.

9. Политики обсуждают отношения _____ Россией и Германией.

10. Немецкая девушка выступает _____ московскими школьниками.

11. Разве это типично _____ журналистов?!

12. Молодая учительница очень волнуется _____ первым уроком.

13. Неужели вы действительно думаете, что _____ русскими и немецкими молодыми людьми есть большая разница?

3 Welche Adjektive passen zu welchen Substantiven? Schreibe sie in der richtigen Form in dein Heft. Es gibt natürlich mehrere Varianten. Überlege dir anschließend mit drei Wortverbindungen Sätze.

федеральный	встреча
российский	станция
групповой	канцлер
русский	программа
молодой	погода
художественный	президент
хороший	разница
весёлый	предложение
фруктовый	страны
вкусный	люди
зелёный	самодеятельность
новый	сад
большой	вино
конкретный	театр
официальный	язык
европейский	работа

4 *Ergänze »симпатичная девушка« (а), »младший брат« (б) und »конкретные вопросы« (в) im richtigen Kasus. Notiere den Kasus zu jedem Satz.*

а)

1. В нашем классе много _____ .

2. Вчера в дискотеке я познакомился с _____ .

3. Он пишет письмо _____ , которая живёт во Владимире.

4. Посмотри! Какая _____ идёт по улице!

5. Ему хотелось бы пойти в кино с _____ .

6. У _____ обычно много друзей.

б)

1. Скажи, пожалуйста, у тебя есть _____ ?

2. На этой фотографии ты видишь моего _____ .

3. А мы не будем мешать _____ ? Наоборот, это он нам будет мешать.

4. Я вижу большую разницу между моим другом и его _____ .

5. Она очень любит играть с _____ .

6. У меня нет _____ .

в)

1. На пресс-конференции иностранные журналисты задавали _____ российскому президенту.

2. Без _____ невозможно узнать, о чём думают русские школьники.

3. Я вижу большую разницу между _____ и вашими ответами.

4. Конкретные ответы зависят от _____ .

5. Ученики долго обсуждали _____ , которые они завтра будут задавать учителю.

6. Учитель даже и не думал о _____ .

5 *Löse die Klammern auf.*

1. Между (русская) _____ и (немецкая) _____ школами есть довольно (большой) _____ разница.

2. У (мой русский) _____ друга есть очень много (немецкий) _____ и (английский) _____ книг.

3. Без (групповая) _____ работы урок будет скучным.

4. И (русский) _____ , и (немецкий) _____ ученики не очень любят делать (домашний) _____ задания.

5. Что ты знаешь о возникновении (партнёрский) _____ отношений между (русский) _____ и (немецкий) _____ городами.

6. В Москве два дня шли переговоры между (федеральный) _____ канцлером и (российский) _____ президентом.

7. В июне в Петербурге бывает очень много (иностранный) _____ туристов.

8. Города-партнёры договорились об обмене отличниками (русский) _____ и (немецкий) _____ языков.

9. Гости из России выступили с номерами (художественная) _____ самодеятельности.

10. Выступление (федеральный) _____ канцлера перед (дортмундский) _____ рабочими показывали по телевизору.

11. Довольно много (русский) _____ и (немецкий) _____ школьников отдыхало в (совместный) _____ лагере.

6 *Ordne die folgenden Wörter und Wortverbindungen einer der drei Gruppen zu: a) typisch für die russische Schule, b) typisch für die deutsche Schule, c) typisch für die russische und die deutsche Schule.*

кабинетная система, порядок, парты, учитель, дискуссия, одноклассник, урок немецкого языка, столы, литература, отвечать, неподвижно, ряд, дисциплина, директор, классная комната, групповая работа, убирать, одноклассница, физика, химия, кабинеты, сдвинуть, скучный, ошибки

1. Типично для русской школы: _____

2. Типично для немецкой школы: _____

3. Типично и для русской, и для немецкой школы: _____

_____

_____

7 Beantworte die Fragen (Текст – полный вариант).

1. Что делают Маркус и Верена в Ростове?
2. С кем и о чём разговаривает Маркус после уроков?
3. Назови кабинеты в русской школе, о которых говорит Маркус.
4. Какая разница между столами и партами в школе?
5. Что такое «групповая работа»?
6. Как проводится проверка домашних заданий в школе Миши?
7. Как ты думаешь, в русской школе всегда бывает дисциплина на уроках? Если нет, то от кого это зависит?
8. Что сейчас меняется в русской школе по словам Миши?
9. Какие уроки тебе нравятся больше всего в твоей школе?

8 Stelle dir vor, daß nicht Markus, sondern du mit Миша über die Schule sprichst. Welche Fragen würdest du ihm stellen? Verwende die angegebenen Wörter und schreibe die Fragen in dein Heft.

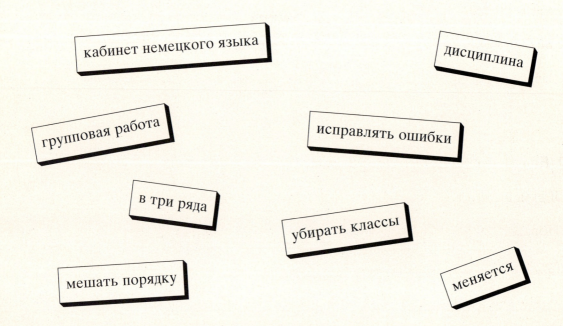

9 Übersetze die Wortverbindungen ins Russische. Überlege dir mit diesen Wörtern mindestens fünf Sätze.

1. russische Spache – _____

2. Hausaufgaben – _____

3. konkrete Resultate – _____

4. Gruppenauftritt – _____

5. großer Unterschied – _____

6. alte Schulbank – _____

7. Spielfilm (künstlerischer Film) – _____

8. langweiliger Vortrag – _____

9. großer Kofferraum – _____

10. Moskauer Flughafen – _____

11. Aula – _____

12. amerikanischer Präsident – _____

13. Leichtathletik – _____

14. Stadtmuseum – _____

15. lange Diskussion – _____

10 Ergänze die Adjektivendungen.

1. Я думаю, что жить в маленьк_____ деревянн_____ доме нравится не каждому.

2. Нов_____ директор школы выступает в актов_____ зале перед русск_____ гостями.

3. В нашем фруктов_____ саду растёт много хорош_____ фруктов_____ деревьев.

4. После скуч_____ доклада о нашей школьн_____ системе вся школа смотрела концерт художественн_____ самодеятельности русск_____ школьников.

5. Лучше не приходи без домашн_____ заданий на урок русск_____ языка.

6. Мне бы очень хотелось жить в больш_____ городе.

7. У иностранн_____ журналистов всегда много конкретн_____ вопросов.

8. Ты хочешь поехать в международн_____ лагерь, где отдыхает много русск_____ , английск_____ , американск_____ , немецк_____ и французск_____ школьников?

9. Почему ты всегда мешаешь своей младш_____ сестре?

10. Русск_____ школьникам надо учить немецк_____ и английск_____ языки.

11. На прошл_____ неделе я был в гостях у моего стар_____ друга.

12. Отдыхать вместе с хорош_____ друзьями всегда приятно.

13. На официальн_____ встрече политики говорили именно о совместн_____ лагере.

11 Übersetze ins Russische. Schreibe die Sätze in dein Heft.

1. Meine Freundin lernt Russisch seit der 7. Klasse.
2. Sie ist für vier Wochen nach Rußland gefahren.
3. In der russischen Partnerstadt ist alles ganz anders.
4. Die deutschen Touristen haben einen ziemlich großen Unterschied zwischen Moskau und Petersburg festgestellt.
5. Zwischen den deutschen und russischen jungen Leuten gibt es keinen großen Unterschied.
6. Die deutsche Gruppe hat das Reiseprogramm lange besprochen.
7. Du mußt vor der ganzen Klasse auftreten!
8. Wissen Sie, warum wir oft unsere Hausaufgaben besprechen?
9. Normalerweise machen wir in unserer Klasse keine Gruppenarbeit.
10. Das hängt davon ab, wie alt Du bist.

1. Скажите, пожалуйста, наша встреча с русскими школьниками сегодня _____ ?

2. Как жаль, что экскурсия в Кремль вчера не _____ !

3. Мы с _____ приняли бы _____ в спортивном соревновании.

4. Конечно, я _____ участие в поездке в город-партнёр, но мои родители были против.

5. Русские школьники хорошо _____ к экскурсии по Мюнхену. Они много знали о городе.

6. Разве фильм уже начался? Да, фильм уже _____ .

7. Когда немцы приехали, служба уже _____ .

8. Я считаю это большой _____ , так делать нельзя.

4 a) Ergänze das russische Wort für »zufrieden« in der benötigten Form. Übersetze die Sätze anschließend ins Deutsche.

1. Студент _____ экзаменом.

2. Наша учительница русского языка _____ встречей со школьниками из города-партнёра.

3. Учитель очень не _____ ответом ученицы.

4. Родители очень _____ отпуском.

5. Разве Вы не _____ театральным представлением?

6. Немецкие ученики _____ , что в России они будут жить в семьях, а не в гостинице.

b) Ergänze jetzt das russische Wort für »einverstanden«. Übersetze die Sätze wieder in dein Heft.

1. Все члены делегации _____ с такой программой.

2. С этим я не _____ .

3. Вы _____ принять участие в нашем концерте?

4. Канцлер _____ с новой реформой.

5. Мои родители _____ поехать на дачу в пятницу вечером.

6. Разве она не _____ с тем, что это серьёзная ошибка?

7. Все были _____ с посещением старой церкви.

8. Почему ты обижаешься? Или ты не _____ со мной?

9. Ученики не всегда _____ с учителем, а он не всегда _____ с директором школы.

5 Finde für jedes Wort im linken Kreis einen passenden Partner im rechten Kreis. Wähle anschließend drei Paare aus und bilde sinnvolle Sätze.

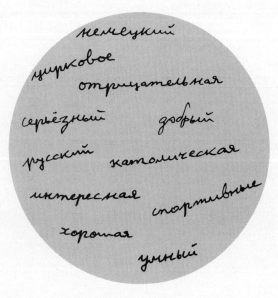
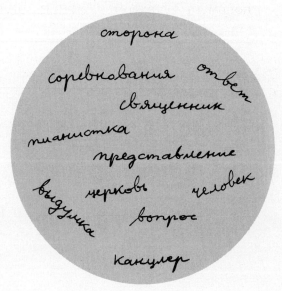

6 *Bringe die Wörter in die richtige Reihenfolge (Текст – краткий вариант).*

1. Липецке, | квартира. | живут | у | Киселёвы | в | трёхкомнатная | них _____

2. Василий | Инны | зовут | Отца | Степанович. _____

3. они | говорит, | в | духе | Он | воспитаны | что | другом _____

4. идут | За | разговоры. | столом | весёлые _____

5. телевизор. | время | Хайке | работает | их | потому | что | всё | понимает | трудом, | с _____

6. нового | По | открытие | телевизору | автосалона. | показывают _____

7. немецким | священник | церковь. | школьникам | Молодой | показывает _____

8. | На | одной | автобус | день | перед | останавливается | другой | экскурсионный | города. | из | церквей |

_____

9. | хора. | церкви | поют | В | два | очень | и | приятно | красиво |

_____

7 a) Beantworte die Fragen in Stichworten (Текст – полный вариант) und schreibe die Wörter in dein Heft. b) Bilde mit den Stichwörtern Sätze und du erhältst eine Nacherzählung des Textes.

1. В какой квартире живут Киселёвы?
2. Сколько лет Инне?
3. Что висит у Киселёвых над телевизором?
4. Какие разговоры идут за столом во время ужина?
5. Как называется передача в девять часов?
6. Что показывают в конце этой передачи?
7. Что делает православный священник с машинами?
8. Где останавливается экскурсионный автобус?
9. Как зовут молодого священника в ризе?
10. Что он показывает немецким школьникам?
11. Чем не занимается русская церковь (но молодёжь это любит)?
12. Почему немецкие ученики не сидят во время службы?
13. Кто поёт в церкви?
14. Что не доступно верующим?
15. Через какие ворота идут священники?
16. Что напоминает Хайке это богослужение?

8 Ersetze die markierten Wörter durch Personalpronomen.

1. Русская православная церковь не признаёт прав других вероисповеданий.

2. Группа молодых членов церковной общины города Котбуса поехала в город-партнёр Липецк.

3. Это гордое слово характеризует самооценку православной церкви.

4. В школе Хайке изучает русский язык, как первый иностранный язык.

5. Киселёвы живут в трёхкомнатной квартире.

6. У Инны есть своя комната.

7. У них в комнате над телевизором висит крест.

8. Священник благославляет машины.

9. Автобус останавливается перед церковью.

10. Молодой священник показывает немецким школьникам церковь.

11. Священники идут к алтарю через Золотые ворота.

12. Хайке приехала в гости к Инне.

13. Хайке разговаривает с Инной по-русски.

14. Немецкие школьники хотят больше знать о русской церкви.

9 Löse die Klammern auf und übersetze die Sätze anschließend ins Russische. Schreibe sie in dein Heft.

1. к (я) _____ Komm morgen um acht zu mir.

2. У (ты) _____ Hast du eine jüngere Schwester?

3. с (я) _____ Gehst du mit mir ins Konzert?

4. о (она) _____ Denkst du oft an sie?

5. для (ты) _____ Hier ist ein kleines Geschenk für dich.

6. У (мы) _____ Bei uns in der Klasse ist alles anders.

7. без (он) _____ Ich möchte nicht ohne ihn in die Kirche gehen.

8. без (они) _____ Meine Eltern werden zu Hause sein. Ich werde ohne sie in das Wochenendhaus fahren.

10 Ersetze alle Substantive durch Personalpronomen im richtigen Kasus.

Например: с родителями – с ними

без друзей – _____

для подруги – _____

до конца – _____

из церкви – _____

в общине – _____

на уроке – _____

за реформы – _____

к школьникам – _____

под воротами – _____

с трудом – _____

с друзьями – _____

с днём – _____

от канцлера – _____

от священников – _____

между странами – _____

перед представлением – _____

по улице – _____

по городу – _____

по школам – _____

через подругу – _____

про друга – _____

перед спектаклем – _____

про богослужение – _____

с богом – _____

11 Beantworte die Fragen. Verwende die Personalpronomen, die in den Klammern angegeben sind. Notiere, mit welchem Kasus sie stehen.

1. Кому канцлер написал письмо? (я)

_____

2. Кого учитель спрашивал новые слова на уроке? (ты)

_____

3. С кем она познакомилась в молодёжном лагере? (я)

4. Кого она пригласила на день рождения? (мы)

_____

5. С кем он занимается музыкой? (ты)

_____

6. Кому переводчица купила эту пластинку? (вы)

_____

7. От кого Виктор получил это письмо? (я)

_____

8. С кем дружит Наташа из города Владимир? (я)

_____

9. Кому принёс пастор эту книгу? (мы)

_____

10. О ком спрашивала вчера Лариса? (ты)

_____

12 Suche in den Lektionen 1–3 die Übungen, in denen die angegebenen Wörter einzusetzen waren. Mache die Übungen noch einmal und ersetze in den Beispielsätzen die Substantive durch Personalpronomen.

13 Welches Wort fehlt hier (Текст – полный вариант)?

1. Солёная рыба – это часто _____ .

2. Если твой друг хочет купить атлас или книгу, ему надо пойти в _____ .

3. В лесу люди не работают, а _____ .

4. Поезда приезжают на _____ .

5. Это человек, который написал книгу. _____

6. Дом, институт, школа, банк, аптека, и т.д. – всё это _____ .

7. Бывают бутерброды с сыром, а бывают и с _____ .

8. В детском саду дети часто играют в _____ .

9. Так называется место в русской церкви, где можно увидеть все иконы. _____

10. То, что все дети очень любят смотреть по телевизору _____ .

11. В центре Москвы есть Красная _____ .

12. Растёт в земле, её можно есть; она и красная, и белая. _____

13. Между фильмами (и даже во время фильмов) по телевизору бывает очень много _____ .

14. Если в доме нет электрического света или он не работает, вечером нам нужна _____ .

14 a) Schreibe mindestens 20 Wörter auf, die mit dem Thema »Kirche« zu tun haben. Kennst du noch andere? **b)** Überlege dir mit fünf dieser Wörter Fragen. Deine Nachbarin oder dein Nachbar muß deine Fragen beantworten. Diese Übung könnt ihr auch in kleinen Gruppen durchführen.

6 День самоуправления

1 *Verwende die angegebenen Wörter und vervollständige die Sätze.*

> выбирали, желающих (2 раза), хотелось бы, ученический совет, заранее, провести, сумею, активными, слышно, предложили, председателем, видно (2 раза), никого

1. Я предлагаю выбрать новый _____ .

2. Мы предложили _____ олимпиаду в нашей школе.

3. Мой друг предложил составить список _____ стать _____ ученического совета.

4. Когда наши учителя _____ поездку в Россию, _____ было очень много.

5. Вечером в доме ничего не было _____ , а на дворе _____ не было _____ .

6. К сожалению, вчера на концерте мне ничего не было _____ .

7. _____ , чтобы все ученики были _____ на уроке.

8. _____ ли я так рассказать, чтобы родители поняли меня?

9. Я не могу сказать _____ , поеду ли я на эту экскурсию.

10. Расскажи лучше, как вы _____ председателя ученического совета в вашей школе.

2 Suche zu jedem Wort links einen passenden Partner auf der rechten Seite. Bilde anschließend mit drei Wortpaaren sinnvolle Sätze.

активные	двор
интересный	работа
экономические	ученики
плохая	телевидение
контрольная	жизнь
определённая	совет
большой	образом
русское	ответственность
демократическое	тема
большая	реформы
интересным	проблемы
ученический	предложение
серьёзные	семинар
хорошее	кандидатура
общественная	общество

3 Löse die Klammern auf.

1. Виктор (считать) _____ , что Анна должна стать (председатель) _____ клуба.

2. Моя подруга (предложить) _____ составить список (желающий) _____ пойти на выставку.

3. В (наш ученический совет) _____ , к сожалению, мало (активный) _____ учеников.

4. У (они) _____ в классе было не так много (кандидатура) _____ , как хотелось бы.

5. Мой друг хочет стать (председатель) _____ (ученический совет) _____ , поэтому он предложил (своя кандидатура) _____ .

6. (Суметь) _____ ли он сказать так, чтобы родители (понять) _____ его?

7. Как хорошо, что мы (знать) _____ заранее, что будет в (контрольная) _____ .

8. У (ты) _____ уже были проблемы с (родители) _____ ?

4 Ergänze den richtigen Aspekt der Verben. Übersetze die Sätze ins Deutsche.

а) советовать посоветовать

1. Обычно родители любят _____ детям, как и что им надо делать.

2. Вчера мой учитель английского языка _____ мне, как можно учить новые слова.

3. Я не буду ничего вам _____ , вы сами всё знаете.

4. Вы не могли бы мне _____ , как мне быстрее проехать в центр.

б) выбирать выбрать

1. Почему ты так долго _____ открытку? Они ведь все красивые, давай скорее!

2. Вчера на ученическом совете мы почти два часа _____ нового председателя, потом, наконец, _____ .

3. Если в магазине бывает большой выбор товаров, мне трудно сразу _____ то, что я хочу купить.

в) | носить   нести |

1. Я не хочу больше _____ эти старые кроссовки. Завтра я куплю новые.

2. Ученики могут сами _____ ответственность за порядок в классе.

3. В этой большой сумке лежит слишком много книг. Я не могу _____ её.

4. Почти всем молодым людям очень нравится _____ джинсы.

г) | суметь   уметь |

1. Ты хорошо _____ плавать?

2. Мы без труда _____ найти эту улицу, мы никого не спрашивали.

3. _____ ли он завтра объяснить эту ситуацию своим родителям?

4. Он совсем не _____ играть в волейбол, правда?

д) | составлять   составить |

1. Вчера ученики очень долго _____ список желающих поехать на экскурсию.

2. Наконец, они этот список _____ , желающих было действительно много.

3. Учитель сказал ученикам: «_____ из двух слов ‹сам› и ‹стоять› одно слово, которое вы уже давно знаете.»

4. По-моему, _____ схемы очень сложно.

5 Lies diesen Text und vergleiche ihn mit der Kurzfassung (Текст – краткий вариант). Korrigiere alle »Fehler« und schreibe die richtige Version in dein Heft.

Всё было в наших глазах.
В нашей школе решили провести Неделю дружбы с Германией. Был создан совет по проверке Недели дружбы. Этот совет попросил старшие классы принести список желающих стать туристами. Настоящие друзья помогали им подготовить программу. В организации участвовали все классы. На самые ответственные акции были выбраны учителя.

6 Beantworte die Fragen zum Text.

1. Что решили провести в школе?

2. Какой совет был создан?

3. Что предложил этот совет старшим классам?

4. Что обсуждалось в классах?

5. Сколько было выбрано учителей-дублёров?

6. Какое отношение к этому было у настоящих педагогов?

7. Кто совсем не участвовал в организации?

8. На какие должности были выбраны ученики старших классов?

7 *Aus welchen Bestandteilen sind diese Wörter zusammengesetzt? Übersetze sie ins Deutsche. Du kennst nicht alle Wörter, deshalb brauchst du ein Wörterbuch. Überlege dir mit drei von diesen Wörtern Fragen.*

самостоятельно	самолёт	самодовольный	самолюбие
самовар		самомнение	самоуверенность
	самоуправление		
самоучитель		самодисциплина	самоубийство
	самокритика	самообслуживание	самозащита
самоконтроль	самоанализ		
самодеятельность		самофинансирование	

8 *Ergänze die richtige Präposition und löse die Klammern auf.*

1. Немецких школьников пригласили ____ (встреча) _____ (русские космонавты) _____ .

2. Группу немецких туристов пригласили ____ (русская школа) _____ .

3. Ему хотелось пойти ____ (дискотека) _____ вместе ____ (Марина) _____ . Он долго ждал её ____ (вход) _____ .

4. Иди скорее! Все гости уже сидят ____ (стол) _____ .

5. Расскажи побольше ____ (твоя поездка) _____ (Россия) _____ . Мне так хотелось бы поехать туда и посмотреть своими глазами, как живут люди ____ (Россия) _____ !

6. К сожалению, ____ (наш ученический совет) _____ мало активных учеников.

9 Frage und antworte. Nenne die Geburtsdaten (alle Monate in Worten!).

Deine russische Brieffreundin hat einen Stammbaum ihrer Familie geschickt. Dort stehen alle Geburtsdaten. Fragt euch gegenseitig, wer wann geboren ist (Когда родилась/родился …?). Zeichne für die nächste Stunde einen ähnlichen Stammbaum mit den Namen und Geburtsdaten deiner Familie.

Меня зовут Наташа Смирнова. А это моя семья:

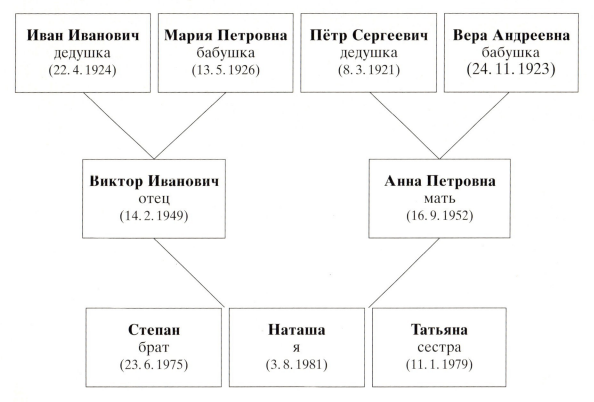

10 Schau in einen Kalender und beantworte die Fragen.

1. Когда группа немецких школьников поедет в Петербург? (23. 06.)
2. Когда семья Брусковых поедет на дачу? (10. 05.)
3. Когда начинаются и когда кончаются в этом году каникулы в твоей школе (зимние каникулы – Winterferien, весенние каникулы – Osterferien, летние каникулы – Sommerferien, осенние каникулы – Herbstferien)?
4. Назови пять разных дней, когда все люди в Германии не работают.
5. Когда у твоего учителя или учительницы русского языка день рождения?
6. Когда родился твой самый лучший друг? Когда родилась твоя самая лучшая подруга?

11 Wann läuft welche Fernsehsendung?

Arbeitet zu zweit oder in kleinen Gruppen und stellt euch gegenseitig Fragen zu dem russischen Fernsehprogramm. Erinnert ihr euch noch an die russischen Uhrzeitangaben?

**ТЕЛЕВИДЕНИЕ
21 МАРТА
ПЕРВЫЙ КАНАЛ**
6.00 Телеутро. 9.00, 12.00, 15.00, 18.00, 21.00, 0.20 Новости. 9.15, 18.20 «Секрет тропиканки». 10.05 Футбол. Лига чемпионов. «Ювентус» (Италия) - «Реал» (Мадрид, Испания) 12.10 Телерадиокомпания «Мир». 12.50 «Открытая книга». Х/ф. 14.10 «Т. С. Н.». 15.20 «Приключения в Одиссее». 15.45 Лего-го! 16.15 Тин-Тоник. 16.40 «Элен и ребята». 17.05 Фигурное катание. Чемпионат мира. Парное катание. 19.10 Час пик. 19.35 Лотто-Миллион. 20.05 «Один на один». 21.45 Х/ф «Захват в Северном море». 23.30 Фигурное катание. Чемпионат мира. Парное катание. Произвольная программа. 0.30 «Чёрный треугольник».Х/ф.

Когда начинается/кончается передача «...»?

Как называется передача, которая начинается/кончается в ...?

Какая передача начинается/кончается в ...?

12 Verbinde die Präpositionen mit den Substantiven. Achte auf den richtigen Kasus. Wähle anschließend drei Beispiele aus und überlege dir damit Fragen.

от – бабушка

по – список

_____

_____

между – люди

среди – учителя

_____

_____

перед – уроки

к – экзамен

_____

_____

по – школа _____   на – улица _____

через – минута _____   за – кандидатура _____

13 Verbinde die Präpositionen mit den Substantiven und übersetze die Sätze ins Russische. Achte auf den richtigen Kasus.

1. от – друг _____ из – Иркутск _____

   Ich habe den Brief von meinem russischen Freund aus Irkutsk bekommen.

   _____

2. Между – директор и учителя _____

   Es gibt manchmal Probleme zwischen dem Direktor unserer Schule und den Lehrern.

   _____

3. перед – экзамены _____

   Viele Studenten sind vor den Prüfungen aufgeregt.

   _____

4. по – город _____ в – центр (где?) _____

   Zuerst werden wir eine Stadtrundfahrt machen, und danach im Restaurant »Sadko« im

   Zentrum zu Mittag essen. _____

   _____

5. через – неделя _____

   In einer Woche werden wir mit dem Zug nach Frankreich fahren.

   _____

6. про – старший брат _____

   Meine Freundin liebt es, von ihrem älteren Bruder zu erzählen.

   _____

7. без – оценки _____

   Ich möchte so gern in einer Schule ohne Noten lernen.

   _____

8. после – наш разговор _____

   Nach unserem Gespräch verstehen wir uns (einander) besser.

   _____

9. для – здоровье _____

   Spazierengehen ist gut für die Gesundheit.

   _____

10. у – моя подруга _____

    Meine Freundin hat sehr viele russische und englische Bücher.

    _____

11. из – церковь _____

    Von der Kirche aus sind sie sofort nach Hause gefahren.

    _____

12. до – обед _____

    Wir haben noch viel Zeit bis zum Mittagessen.

    _____

7. Я не хотел бы жить в такой квартире!

1 *Bilde aus zwei bekannten Wörtern ein neues, zusammengesetztes Wort.*

1 (один)	одно		комнатный	комната
2 (два)	двух		этажный	этаж
3 (три)	трёх	+	минутный	минута
4 (четыре)	четырёх		недельный	неделя
5 (пять)	пяти		дневный	день
6 (шесть)	шести		разовый	раз

а)

Квартира, в которой 1 комната, – это _____ квартира.

Если в квартире 2 комнаты – это _____ квартира.

Если в квартире 3 комнаты – это _____ квартира.

Если в квартире 4 комнаты – это _____ квартира.

б)

Дом, где только 1 этаж – это _____ дом.

Дом, где только 3 этажа – это _____ дом.

Дом, где только 5 этажей – это _____ дом.

Дом, где много этажей – это _____ дом.

в)

Поездка, которая продолжается 1 день, – _____ поездка.

Поездка, которая продолжается 3 дня, – _____ поездка.

Поездка, которая продолжается 4 дня, – _____ поездка.

Поездка, которая продолжается 6 дней, – _____ поездка.

2 Ergänze die fehlenden Wörter (О чём идёт речь).

1. Квартиры в России о_____ о____ немецких квартир.

2. Ванные обычно б____ п_____ или с очень простыми белыми п_____ .

3. Для в_____ и у_____ часто бывает и только один к_____ .

4. У дверей нет з_____ .

5. Всё это сразу б_____ в глаза.

6. В п_____ время строятся т_____ квартиры, но их мало.

7. В маленьких квартирах диваны вечером р_____ , на них спят. А столы часто с_____ .

8. Русские люди знают, что у_____ ж_____ в Германии в_____ , чем в России.

9. В России комната с_____ большой, если её площадь 16 к_____ м_____ или больше.

3 Übersetze die Wortverbindungen ins Deutsche.

без плиток _____   без умывальника _____

сами комнаты _____   сами двери _____

такие различия _____   различия между людьми _____

бросаются в глаза _____   броситься из комнаты _____

самое важное _____   самое интересное _____

уровень жизни _____   уровень воды _____

4 Suche zu den Satzanfängen links die passende Fortsetzung rechts.

1. На концерте он познакомился
2. В музее мы познакомились с
3. Они долго спорили о
4. Разве можно спорить
5. У них был действительно интересный разговор о том,
6. Сколько
7. Неужели у вас только
8. Сколько у них
9. Я думаю, что здесь
10. Сколько вы
11. Сколько ты должен
12. Хорошо было бы
13. Учитель думает, что хорошо было бы
14. Мне просто
15. Даже трудно

не верится!
платить за свет?
иметь рабочий кабинет.
иметь свою комнату.
новом фильме.
с русским студентом из Ярославля.
поверить.
платите за квартиру.
о музыке?
двухкомнатная квартира?
у вас комнат?
около 30 кв. метров.
художником из Владимира.
квадратных метров?
как живут студенты в Германии.

5 Bilde aus den Wortketten sinnvolle Sätze.

1. В – суббота – вечер – я – познакомиться – с – немецкий – ученик – из – Лейпциг. _____

2. На – спортивные – соревнования – наша – команда – познакомиться – с – новый – тренер – из – Мюнхен. _____

3. На – первый – урок – мы – познакомиться – с – наша – новая – учительница – русский – язык. _____

4. Ученики – наш – класс – ещё – долго – говорить – о – решение – ученический – совет. _____

6 *Suche zu jedem Verb die passende Substantivgruppe. Schreibe alle Adjektive und Substantive im richtigen Kasus in dein Heft. Überlege dir anschließend mit jedem Verb einen sinnvollen Satz. Lest in der nächsten Stunde möglichst viele Sätze vor und übersetzt sie ins Deutsche.*

1. вода
   телефон
   квартира
   плитка
   умывальник
   квадратный метр
   новая машина

2. симпатичная девушка
   молодой человек
   русские ученики
   немецкая делегация
   красивая переводчица
   интересные люди
   твои родители

познакомиться (с кем?)
спорить (о чём?)
платить (за что?)
иметь (что?)
верить (кому?)

3. маленькая машина
   большая вилла
   старый двухэтажный дом
   трёхкомнатная квартира
   своя комната
   новая дача
   хороший компьютер

4. свой друг
   старая подруга
   хороший учитель
   родители
   русская пословица
   старший брат
   младшая сестра

5. политическая система
   программа поездки
   контрольная работа
   спортивное соревнование
   важные вопросы
   уровень жизни

7 Schreibe mit jedem Begriff eine Frage zum Thema »квартира« in dein Heft. Deine Lehrerin oder dein Lehrer beantwortet deine Fragen in der nächsten Stunde.

8 Welches Wort aus dem linken Kreis kann man mit einem Wort aus dem rechten Kreis verbinden, wenn es um das Thema »квартира« geht?

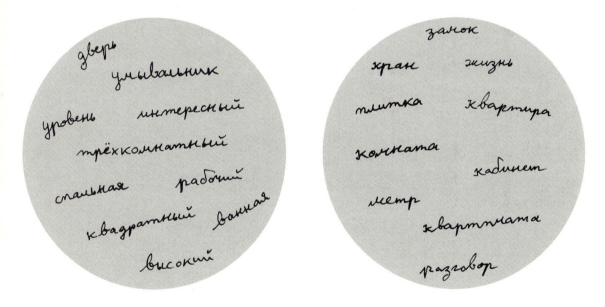

9 Lies noch einmal die Kurzfassung (Текст – краткий вариант). Verbessere die Fehler in dem folgenden Text und schreibe die richtige Fassung in dein Heft.

Норман Визнер поехал в Рязань к своей подруге Ирине Беловой. Беловы живут на улице Чайковского. Ирина показывает Норману квартиру. У Беловых в семье три человека, а квартира у них четырёхкомнатная. У Ирины есть своя комната. Норман спрашивает, сколько зарабатывают родители Ирины. Он думает, что отец Ирины хорошо зарабатывает, потому что Беловы приватизировали квартиру. Беловы не хотят покупать эту квартиру, т.к. она им не очень нравится.

10 *Verändere die Sätze so, daß sie im Konjunktiv stehen. Übersetze sie anschließend ins Deutsche.*

1. Мы встретимся у моего друга.

   _____ , но у него, к сожалению, не было времени.

2. До гостиницы мы поедем на такси.

   _____ , но у нас не было денег.

3. От метро они пойдут пешком.

   _____ , но погода была очень плохая.

4. После экзамена она хочет пойти в кино.

   _____ , но дома её ждёт мама.

5. Перед поездкой мы обязательно прочитаем эту книгу.

   _____ , но, к сожалению, именно этой книги не было в библиотеке.

6. Я с удовольствием приготовлю борщ.

   _____ , но у меня нет рецепта.

7. Он расскажет родителям об этой новости.

   _____ , но их не было дома.

8. Сегодня вечером я пойду с тобой гулять.

   _____ , но мне надо заниматься. Завтра мы пишем контрольную работу по немецкому языку.

11 Ergänze den Komparativ.

1. Владимир – это большой город, но Москва, конечно же, _____ .

2. Москва от Франкфурта очень далеко, а город Иркутск ещё _____ .

3. Двухкомнатные квартиры в Петербурге довольно дорогие, но вот трёх- или четырёхкомнатные ещё _____ .

4. Бабушка говорит тихо, а дедушка ещё _____ .

5. Я понимаю, что у вас высокая квартплата, но у нас она ещё _____ .

6. В большой комнате громко работает телевизор, а музыка у сына в комнате – ещё _____ .

7. Ехать в Москву на поезде – это дорого, но лететь на самолёте – это ещё _____ .

8. Да, конечно, твоя комната маленькая, но моя – ещё _____ .

9. Сегодня был хороший обед, но вчера ужин в русском ресторане был ещё _____ .

10. Это суп, конечно же, очень вкусный, но борщ мне _____ .

11. Контрольную работу по математике я написал плохо, а мой друг ещё _____ .

12. Я знаю что кинотеатр «Россия» близко от гостиницы, но новый кинотеатр «Мир» – ещё _____ .

13. У меня есть русский друг, и я хорошо знаю, что его папа зарабатывает мало, а его мама ещё _____ .

14. Легко и интересно учить русский язык с хорошим учителем, но мне кажется, что учить его в России ещё _____ и _____ .

12 Übersetze ins Russische. Schreibe die Sätze in dein Heft.

1. Das Schlafzimmer ist kleiner als das Kinderzimmer.
2. Das Zimmer ist größer als die Küche.
3. Die Apotheke ist weiter als das Geschäft.
4. Meine Mutter ist jünger als mein Vater.
5. Mein Bruder ist älter als ich.
6. Ihre Miete ist höher als unsere.
7. Das Klappbett ist billiger als das Sofa.
8. Spazierengehen ist angenehmer als lernen.
9. Das Bad im Hotel ist schlechter als zu Hause.
10. Die U-Bahn-Station ist näher als die Bushaltestelle.

13 Übersetze ins Deutsche und überlege, in welchen Situationen die Aussagen gemacht werden könnten. Wer könnte wann was sagen?

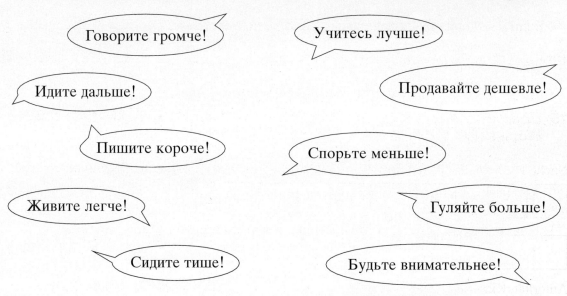

14 Vervollständige die Sätze. Verwende die vorgegebenen Verben.

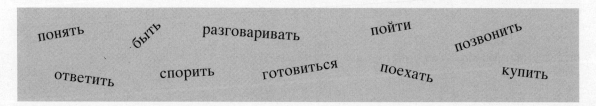

1. Если бы у меня были деньги, _____ .

2. Если бы он знал номер моего телефона, _____ .

3. Если бы вчера была хорошая погода, _____ .

4. Если бы мой друг любил балет, _____ .

5. Если бы я точно не знал об этом, _____ .

6. Если бы у меня было время, _____ .

7. Если бы у учительницы был свой рабочий кабинет, _____ .

8. Если бы у нашей семьи была четырёхкомнатная квартира, _____ .

9. Если бы он написал мне письмо, _____ .

10. Если бы продавщица говорила медленнее, _____ .

15 Übersetze alle Wörter ins Russische. Notiere die 1. Buchstaben der Wörter und ordne sie so, daß ein russisches Wort entsteht.

Nacht, Medizin, Flughafen, Bruder, Heft, täglich, Sprichwort, Haltestelle, Eigentum

☐☐☐☐☐☐☐☐☐ →

☐☐☐☐☐☐☐☐☐

Autorität, Klappbett, wenn (falls), Ironie, Privatisierung, unzufrieden, Gas, ihm, Bergarbeiter, sich legen, Benachrichtigung

☐☐☐☐☐☐☐☐☐☐☐ →

☐☐☐☐☐☐☐☐☐☐☐

privat, Platz, Aktion, Dreizimmer-, europäisch

☐☐☐☐☐ → ☐☐☐☐☐

8 Перестройка

1 Lies den Einführungstext (О чём идёт речь) und übersetze anschließend die folgenden Wortverbindungen ins Deutsche.

1. первый том учебника – _____

2. хорошо понимать друг друга – _____

3. изменения в личной жизни – _____

4. бывший сокурсник – _____

5. научная работа – _____

6. он давно женат – _____

7. малое предприятие – _____

8. поставить крест на своей мечте – _____

9. через год – _____

2 Bilde sinnvolle Sätze.

1. Этот урок | рассказывать | о | перестройка | и | об | изменения | в | личная | жизнь | старые | друзья.

_____

2. Зигрид | опять | приехать | в | Москва | с | группа | школьники | двенадцатый | класс.

_____

3. Хотя | Виталий | очень | любить | научная | работа, | он | поставить | крест | на | своя | мечта. _____

4. Он | начать | работать | переводчик | в | малый | предприятие.

5. Скоро | он | и | сам | стал | предприниматель.

6. Его | фирма | специализироваться | на | поездки | для | немцы.

3 Vervollständige die Sätze. Die angegebenen Wörter helfen dir dabei.

научный   рисковать   килограмм (2 раза)   изменение
бывший   предприятие   женат   профессор

1. Это мой _____ учитель, сейчас он работает в другой школе.

2. Разве у него уже есть семья?! Да, он _____ уже три года.

3. В своей речи президент говорил об _____ , которые произошли в последнее время.

4. Скажите, пожалуйста, сколько стоит один _____ мяса?

   Дайте мне два _____ .

5. Он всю жизнь занимается _____ работой.

6. Неужели у него своя фирма? Да, у него малое _____ .

7. В университете все студенты очень внимательно слушали

   _____ .

8. Я думаю, лучше не _____ жизнью.

4 Bilde Sätze in der Vergangenheit.

| 1. Наш разговор
Эта встреча
Родительское собрание
Урок немецкого языка
Спортивные соревнования
Олимпиада русского языка
Футбольный матч
Наши каникулы
Студенческие экзамены | прошёл
прошла
прошло
прошли | хорошо.
успешно.
не очень успешно.
довольно успешно.
нормально. |

| 2. Директор
Учительница
Переводчица
Автор книги
Мой друг
Ваши друзья
Простые люди | может
могут | позволить себе | спорить с учителем.
говорить громко.
купить большую квартиру.
написать о проблемах страны.
прийти домой поздно.
поехать отдыхать в Америку.
отдыхать летом на даче. |

| 3. Каждая встреча с тобой
День самоуправления
Уроки этого учителя
Рыночная система
Новая программа
Совместная работа | приносит
приносят | удовольствие.
польза.
вред.
благосостояние.
хорошие результаты. |

4. Результаты дня самоуправления Интервью с немецким канцлером Спортивные новости Цены на квартиры и дома Решения парламента	публикуется публикуются	в школьной газете. в российских газетах. в местной прессе. в международной прессе. в экономической газете.

5 Suche zu jedem Wort links einen passenden Partner auf der rechten Seite. Bilde anschließend mit drei Wortverbindungen sinnvolle Sätze.

сидеть	система
позволить	выступать в соревновании
результаты	квартира
засекреченные	себе
миллионы	удовольствие
собственная	молча
принимать	цена
местная	визита
большое	за пропаганду
приносить	материалы
публиковаться	пресса
успешно	преступление
очень высокая	в международной прессе
рыночная	невинных людей

6 Lies die Kurzfassung (Текст – краткий вариант) und entscheide, welche Aussage richtig und welche falsch ist.

	да	нет
1. Зигрид пригласила Виталия в ресторан.		
2. Когда они были студентами, они не ужинали в этом ресторане.		
3. Сейчас в ресторане выбор очень большой.		
4. Друг Зигрид думает, что те люди, которые не ходят в рестораны, голодают.		
5. Зигрид начала разговор о духовных потребностях людей.		
6. Виталий не думает, что русских людей обманули.		
7. Зигрид хочет надеяться на гуманный мир.		
8. Она считает, что в России всё должен регулировать рынок.		
9. К концу ужина старые друзья больше не понимают друг друга.		

7 Beantworte die Fragen (Текст – краткий вариант).

1. Куда пригласил Виталий свою бывшую сокурсницу?
2. Что удивляет Зигрид во время ужина?
3. Раньше они тоже ужинали в таком ресторане?
4. Кто сейчас может себе позволить ужин в таком ресторане (по словам Зигрид)?
5. Что говорит Зигрид о рыночной системе?
6. Какой аргумент есть у Виталия, когда он говорит о том, что русских обманули?
7. Какой взгляд на жизнь у Зигрид?
8. Кем теперь стал Виталий? И чего ему хотелось бы?
9. Зигрид всегда представляла себе, что Виталий должен измениться. Это так?

8 Übersetze die folgenden Wortverbindungen ins Russische.

1. ein reiches Land

2. eine neue Speisekarte

3. im Ernst darüber sprechen

4. die Hoffnung ist verschwunden

5. Jugendträume

6. utopische Ansichten

7. Freunde zu betrügen

8. das Land zu verraten

9. Beziehungen zu regulieren

10. ziemlich gut auszusehen

11. ein echter Realist

12. eine große Hoffnung

13. niemals aufzurufen

14. er soll humaner werden

9 Verwende die Adjektive in der Langform.

Например: проблема актуальна – актуальная проблема

1. ошибка типична – _____

2. материалы засекречены – _____

3. доклад скучен – _____

4. новость неприятна – _____

5. визит официален – _____

6. страна независима – _____

7. взгляд утопичен – _____

8. фирма богата – _____

9. предприниматель неприятен – _____

10. изменение конкретно – _____

11. предприятие старо – _____

12. профессор эмоционален – _____

10 Beantworte die Fragen. Verwende dabei die Kurzform der Adjektive und übersetze die Sätze anschließend ins Deutsche.

1. Ваш профессор приятный человек? – Да, он мне _____ .

2. Твой сокурсник всегда серьёзный? – Нет, он не всегда _____ .

3. Его новая подруга красивая? – По-моему, она очень _____ .

4. Как ты думаешь, вопрос о мире – это важный вопрос? – Безусловно, этот вопрос _____ .

5. Весь класс считает его несправедливым учителем. А ты? — По-моему, он часто _____.

6. При Сталине были ужасные преступления и репрессии. — Я должен сказать, что преступления и репрессии всегда _____.

7. Это очень официальное приглашение. — Да, действительно оно _____.

8. Неужели твой друг такой гордый? — Иногда он очень _____.

11 Verändere die Sätze so, daß die markierten Wörter durch ein Pronomen mit der Vorsilbe ни- ersetzt werden.

Например: Все ученики в классе. – Никого нет в классе.

1. Ты всё знаешь. – _____
2. Я хочу пить армянский коньяк. – _____
3. Он работает на фабрике. – _____
4. Они поедут отдыхать на Украину. – _____
5. Дети были дома одни. – _____
6. На этой фотографии я знаю всех. – _____
7. Вчера они ходили на концерт. – _____
8. У него есть собственная машина. – _____
9. Мой брат интересуется всем. – _____
10. Меня действительно всё интересует. – _____

12 Lies die 1. Variante (Вариант 1) und suche in dem Text die passenden Substantive zu diesen Wörtern. Übersetze die Wortverbindungen ins Deutsche.

сумашедший
бесчеловечный
невинный
экономический
развивающийся
человеческий
преступнический
свободный
хороший
справедливый
утопический
великий
художественный
вечный

_____

_____

_____

_____

_____

13 Hier sind Wortverbindungen, deren erster Bestandteil nicht in der 2. Variante (Вариант 2) vorkommt. Vergleiche sie mit dem Text und trage die richtigen Wortverbindungen ein.

1. интересный эксперимент – _____

2. свободные люди – _____

3. ужасный фашизм – _____

4. великая надежда – _____

5. маленькая ошибка – _____

6. национальная власть – _____

7. настоящее чувство – _____

8. романтичные мечтания – _____

9. детские мечты – _____

10. обыкновенная славистика – _____

11. русский автор – _____

12. потерянный мир – _____

14 Verbinde jedes Verb mit einer zu ihm passenden Substantivgruppe. Achte auf den richtigen Kasus. Bilde anschließend mit jedem Verb einen Satz.

мечта приглашение идея будущее власть обед	новый клиент известная цитата простой пример туристическая группа следующий факт новый ученик	новая работа групповая работа иностранный бизнес новая власть детский сад высокая цена рыночная система большие изменения свободный рынок
надежда деньги адрес друг награда муж извещение зонтик друзья	**восхищаться** (кем/чем?) **отказаться** (от кого?/от чего?) **завидовать** (кому?/чему?) **заказывать** (что?) **находиться** (где?/у кого?) **приводить** (кого?/что?) **потерять** (кого?/что?) **привыкать/** (к кому?/к чему?) **привыкнуть**	старшая сестра старый друг новая подруга учителя изменения политические реформы
балет книга фильм театр музыка	западный город научный центр малое предприятие профессор лингвистики центр города российский рынок бывший сокурсник	аперитив минеральная вода второе блюдо разговор с Германией нужное лекарство картошка второй том

15 *Übersetze die Sätze ins Deutsche und schreibe sie in dein Heft.*

1. Сегодня ты очень хорошо выглядишь.
2. Неужели ты всерьёз мог подумать, что она тебя обманула?
3. Очень жаль, что иногда человек предаёт мечты своей молодости.
4. Дети не всегда похожи на своих родителей.
5. Разве вы не знакомы с нашим профессором лингвистики?
6. Я никак не могу понять, почему ему нравится рисковать жизнью.
7. Ты лучше никому не завидуй.
8. Мой бывший сокурсник сейчас работает в малом предприятии, которое специализируется на поездках для русских.
9. Я ещё никогда не пробовала армянский коньяк. Давай закажем!
10. Разве у него есть семья? Я совсем не знал, что он женат.
11. Какие интересные изменения происходят в стране, особенно в столице!
12. Трудно представить себе, кто при таких ценах может себе позволить покупать продукты на рынке.
13. Мои экзамены прошли довольно успешно.
14. Общение с умными людьми приносит большое удовольствие.
15. Слава богу, что все эти преступления уже в прошлом.

16 *Übersetze die Wörter ins Russische. Notiere die 1. Buchstaben der Wörter und ordne sie so, daß ein russisches Wort entsteht.*

Gedankenaustausch, eigener, Schüler(-zeitung), täglich, unschuldig, zufriedenstellen, Verbrechen

							→							

Veränderung, regeln *(unvoll.)*, so viel, wenn *(falls)*, Gesicht, verlieren *(unvoll.)*, völlig *(absolut)*

							→							

9 В гостях у Тургенева

1 a) **Lies den Einführungstext (О чём идёт речь) und finde heraus, wie die folgenden Begriffe wiedergegeben werden.**

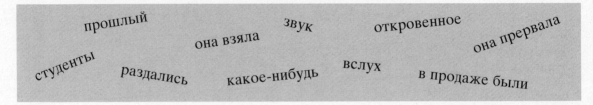

прошлый   она взяла   звук   откровенное   она прервала
студенты   раздались   какое-нибудь   вслух   в продаже были

b) **Übersetze die Wortverbindungen ins Deutsche. Du kannst deine Übersetzung kontrollieren, indem du eine Rückübersetzung machst, d. h. vom Deutschen zurück ins Russische übersetzt.**

1. в прошлом месяце
2. на прошлой неделе
3. в прошлом году
4. в прошлую среду
5. пустые слова
6. пустой актовый зал
7. думать вслух
8. прервать разговор
9. откровенный человек
10. детские крики
11. продажа акций
12. мы остановили такси
13. нас никто не сопровождал
14. новый путеводитель на немецком языке

2 **Finde zu den Verben links je zwei passende Substantive rechts. Schreibe die Wortverbindungen in dein Heft. Achte auf den richtigen Kasus.**

прерывать	машина
	дети
выключать	звонок в дверь
	туристическая группа
раздаться	лампа
	ошибка
остановить	громкие крики
	беседа
сопровождать	свет
	произведение
указать (на)	разговор
	друг

3 Bilde sinnvolle Sätze.

1. На | экскурсия | обычно | бывать | интереснее, | чем | на | урок.

_____

2. Экскурсовод | так | рассказывать, | что | даже | вещи | становиться | как | бы | живой. _____

3. Учительница | так | указать | на | ошибка, | что | я | стать | понятно.

_____

4. Его | новый | произведение | воспринять | с | большой | интерес.

_____

5. В | царская | Россия | господа | воспринимать | крепостные | как | живая | вещь. _____

6. Для | я | ваш | замечание | не | иметь | никакой | значение.

_____

7. Почему | автор | в | этот | рассказ | не | выступать | прямо | против | крепостной | право? _____

8. Учитель не посметь выступить против свой старый коллега.

9. Как ты сметь писать об это в школьная стенгазета?!

10. Я казаться, что у Вы в страна так принято.

11. В наша семья не принято прерывать разговор по телефон.

12. Мой родители никогда не запретить бы дружить с эта девушка.

13. Всё управлять мать Тургенев.

14. В своя статья западный автор выступать против такой порядок.

4 Übersetze die Sätze ins Deutsche und schreibe sie in dein Heft.

1. Мой школьный друг хочет стать редактором.
2. Он был единственным ребёнком в семье.
3. Перед праздником в редакции становилось всё веселее и веселее.
4. Ты можешь себе представить, что наш директор совсем не понимает шуток.
5. В редакции со мной разговаривали очень любезно, но статью мою мне вернули.
6. В нашей школе принято писать обо всех школьных новостях в стенгазете.
7. Неужели она действительно стала директором школы?!
8. Не обижайся на меня, это же просто шутка.
9. Обычно в музеях, когда идёт экскурсия, все затихают.
10. Тебе правда кажется, что молодёжь вообще не интересуется музеями?
11. Меня интересует, сколько может стоить такое пальто.
12. Разве сейчас можно запретить человеку стать предпринимателем и зарегистрировать свою собственную фирму?
13. Мой отец очень интересуется историей. Сейчас он читает статью «Крепостное право в России». А меня это не очень интересует.
14. Хотя он и разговаривал со мной добродушно, но откровенного разговора у нас, должен признаться, всё-таки не было.

5 Beantworte die Fragen (Текст – краткий вариант).

1. Куда едут школьники?
2. Что думает Дирк о музеях?
3. Какое отношение у Дирка к писателям прошлого века?
4. Что делает учительница в автобусе?
5. Почему можно точно сказать, что этот рассказ немецким ученикам нравится?
6. Почему ученики ходят по музею в пальто?
7. Как зовут экскурсовода в музее?
8. Как может рассказывать этот старый экскурсовод?
9. Какое чувство возникает у школьников во время экскурсии?

6 a) Suche in der Kurzfassung (Текст – краткий вариант) die Adjektive zu diesen Substantiven.

_____ – писатель   _____ – экскурсовод

_____ – человек   _____ – посетители

b) Übersetze die folgenden Wörter ins Russische und ergänze – wenn möglich – die Substantive aus Teil a).

arm – _____

einziger – _____

lebendig – _____

offen – _____

ehemalig – _____

taubstumm – _____

westlich – _____

russisch – _____

reich – _____

populär – _____

leibeigen – _____

gutmütig – _____

7 Ergänze die fehlenden Wörter (Текст – краткий вариант).

1. Женщина, которая не работает, а для неё всё делают другие люди – это _____ .

2. Место, не в городе, где раньше жили богатые русские люди. Его название – _____ .

3. Человек, который много работает, но не в городе. Он сажает, например, овощи и т. д. – это _____ .

4. Человек – автор многих книг. Люди его называют – _____ .

5. Бедная женщина, которая много работает с одеждой, она делает её опять чистой – это _____ .

6. Если женщина не хочет жить одна, а хочет, чтобы у неё была семья. Значит, она хочет _____ .

7. Человек, который пришёл в музей, чтобы посмотреть его. Это – _____ .

8 Verbinde die Präposition mit der Wortverbindung. Achte auf den Kasus. Unterstreiche alle Genitivendungen. Setze fünf Wortverbindungen in die Mehrzahl. (Es geht nicht bei allen Beispielen!)

без – золотая медаль – _____

перед – большая очередь – _____

для – засекреченная модель – _____

с – плохие учителя – _____

от – московский Кремль – _____

(ехать) на – обыкновенный автомобиль – _____

до – хорошая жизнь – _____

с – конкретная модель – _____

из – эмоциональная речь – _____

после – длинная ночь – _____

над – маленькая площадь – _____

без – единственная возможность – _____

между – молодёжные лагеря – _____

от – Красная площадь – _____

про – западная жизнь – _____

9 Verbinde die Zahlen mit den Substantiven. Achte auf den Kasus und schreibe die Zahlen in Worten.

1 – кровать – _____

1 – покупатель – _____

3 – спектакль – _____

2 – надпись – _____

4 – церковь – _____

2 – представитель – _____

4 – руководитель – _____

7 – тетрадь – _____

5 – спектакль – _____

6 – противоположность – _____

10 – покупатель – _____

12 – должность – _____

20 – рукопись – _____

21 – дверь – _____

25 – посетитель – _____

100 – модель – _____

10 Stelle Fragen und beantworte sie mit »много, мало, немного, несколько«. Wähle inhaltlich passende Adjektive.

с	весёлый	спектакль	было в этом театре
	официальный	представитель	приезжало сюда
к	американский	предприниматель	работает в Москве
	деревянный	церковь	есть в вашем городе
о	серьёзный	надпись	ты прочитал
	детский	кровать	стоит в детском саду
л	плохой	рукопись	принёс автор в редакцию
	скучный	должность	есть в этом институте
ь	обыкновенный	покупатель	было в магазине
	школьный	тетрадь	тебе надо для школы
к	хороший	путеводитель	у тебя есть
	немецкий	учитель	было на встрече
о			

11 *Löse die Klammern auf.*

1. Русская журналистка весь вечер рассказывала нам о своей (новая должность) _____ .

2. С (хороший руководитель) _____ всегда легче работать.

3. У (наш новый учитель) _____ есть 2 (старый автомобиль) _____ .

4. Давай встретимся у (маленькая деревянная церковь) _____ перед началом (спектакль) _____ .

5. После (тёплый дождь) _____ трава стала быстро расти.

6. Для (все представители) _____ фирмы разговор о (помощь) _____ городу-партнёру имел (большая важность) _____ .

7. Я не могу себе представить, как можно стоять в (длинные очереди) _____ за (школьные тетради) _____ .

8. Неужели ты считаешь, что профессор не знал о (большая важность) _____ этого вопроса, когда он писал (своя новая статья) _____ ?

9. (Новый руководитель) _____ предприятия несёт (большая ответственность) _____ за все (должность) _____ .

10. Дочь с (мать) _____ не часто разговаривают о (первая любовь) _____ .

11. Моя бабушка очень любит суп с (вермишель) _____ и салат из (морковь) _____ .

12. (Новая надпись) _____ над (дверь) _____ я ещё не видела.

13. (Все посетители) _____ музея нужно снимать пальто.

14. Ты уже давно участвуешь в (художественная самодеятельность) _____ вашей школы?

15. В нашей школьной стенгазете я прочитал (интересная статья) _____ о (школьные спектакли) _____ .

12 Lies die Langfassung (Текст – полный вариант) und entscheide, welche Aussage richtig und welche falsch ist. Stelle die falschen Aussagen richtig.

	да	нет
1. Милиция сопровождает автобус, потому что этот автобус уже очень старый.		
2. В автобусе сидят молодые немецкие предприниматели.		
3. Немцы будут в Орле три недели.		
4. Зина учится в орловском политехническом институте.		
5. Дирк не интересуется литературой прошлого века.		
6. Шофёр автобуса включает кассету с рассказом Тургенева «Муму».		
7. Этот рассказ очень нравится немецким ученикам.		
8. Зина объясняет Дирку, почему герой рассказа «Муму» глухо-немой.		

	да	нет

9. В своё время Тургенев мог, но не хотел выступать прямо против крепостного права.
10. Посетители музея, если они хотят, ходят по музею в пальто.
11. Экскурсовод Б.В.Богданов очень живо и эмоционально рассказывает о Тургеневе.
12. Дирк считает, что это очень скучная экскурсия.
13. Когда Тургенев работал, никто не смел мешать ему.
14. Борис Викторович показывает немецким ученикам только комнаты и кабинеты.
15. Дуб, который растёт в саду, посадила мать Ивана Сергеевича.
16. Великий русский писатель умер не в России, а во Франции.
17. В конце экскурсии экскурсовод предложил поклониться дубу Тургенева.

13 In dieser Buchstabenschlange sind 25 Wörter versteckt. Der letzte Buchstabe eines Wortes ist gleichzeitig der 1. Buchstabe des folgendes Wortes. Schreibe die Wörter auf. Es sind sieben Wörter aus Урок 9 darunter. Welche?

В О З Д У Х О Р Е Д А К Т О Р Е Д А К Ц И Я Й Ц О Б С Т А Н О В К А Р Г
У М Е Н Т Е Р Р О Р Ы Н О К А Б И Н Е Т Е Л Е Ф О Н А О Б О Р О Т У Ф Л
И Н О Г Д А П Е Р И Т И В Е К А М И Н О Р М А Л Ь Н О Б И Д А В Т О Р
Е Б Ё Н О К Р Е С Т Р У Д О М – У С А Д Ь Б А Б С О Л Ю Т Н О

_____

_____

_____

_____

_____

_____

10 Союз Советских Социалистических Республик

1 Lies den Einführungstext (О чём идёт речь) und entscheide, ob die folgenden Aussagen richtig oder falsch sind. Stelle die falschen Aussagen richtig.

	да	нет

1. Мартин Вегнер живёт в Ганновере.
2. Ему уже восемнадцать лет.
3. Его отец работает учителем русского языка.
4. Ганновер и Владимир - города-партнёры.
5. Мама Мартина часто бывает в России.
6. Ирина Петровна Гуркова была в гостях у Вегнеров одна.
7. Мартину нравится учить русский язык.
8. Когда Мартин прилетел в Москву, его встретил муж Ирины Петровны.
9. Из Москвы в Иваново они поедут не на поезде.
10. Ольга, дочь Гурковых, собирается выйти замуж.
11. У отца и у дочери взгляды на политику почти одинаковые.

2 Verwende die angegebenen Wörter und vervollständige die Sätze.

разный   приехать   летний   охотно   политический
замужем   муж   встречать   знакомый   давно

1. В аэропорту Мартина _____ Андрей Данилович Гурков.

2. Старшая дочь Гурковых уже _____ .

3. У немецкой учительницы в России много _____ .

   У неё есть и друзья, с которыми она уже _____ дружит.

5 Übersetze die Sätze ins Russische. Schreibe sie in dein Heft.

1. Wie stellst du dir den idealen Direktor vor?
2. Meiner Meinung nach ist er ein sehr unangenehmer Mensch.
3. Neue politische Leiter wissen fast nichts über das alte kommunistische System.
4. Du brauchst mich nicht davon zu überzeugen, daß er ein großartiger Schriftsteller ist.
5. Der Journalist war davon überzeugt, daß das Volk keine Revolution brauchte.
6. Er hätte nie gedacht, daß die Ausbildung in diesem Land kostenlos ist.
7. Für die Kommunisten war Kapitalismus ein schreckliches Ungeheuer.
8. Das heutige Ausbildungssystem unterscheidet sich sehr von dem früheren.

6 Welches Adjektiv paßt inhaltlich am besten zu welchem Substantiv?

ужасный неприятный идеальный различный сегодняшний знакомый	взгляды квартира интерес чудовище общество вопрос разговор система муж каникулы день мелодия	летний справедливый подлинный великолепный коммунистический обычный

7 Vervollständige die Sätze.

1. Если бы он был идеальным учителем, _____

2. Для меня это было _____

3. Как вы представляете себе _____

4. Директор нашей школы хочет создать _____

5. Он с большим интересом слушал, что _____

6. Я убеждён, что _____

7. Почему ты всё время _____

8. У нас никогда не _____

9. Новые формы обучения стали _____

10. Я никогда не _____

8 *Lies die Kurzfassung (Текст – краткий вариант) und entscheide, welche der Aussagen zutrifft und welche nicht. Stelle die falschen Aussagen richtig.*

	да	нет
1. Ольгу интересует, что знает Мартин о географии России.		
2. Мартин никогда не слышал об СССР.		
3. Октябрьская революция была в 1917 году.		
4. Коммунисты были убеждены что новое общество будет справедливым.		
5. Отец Ольги знает, в чём была главная ошибка коммунистов.		
6. Ольга считает, что только в капиталистическом обществе есть недостатки.		
7. Мартин убеждён, что у Ольги либеральные взгляды.		
8. Ольга говорит о том, что в СССР было всё: и хорошее, и плохое.		
9. Мартина не интересует то положительное, что было в СССР.		
10. У Ольги есть справедливые аргументы.		

9 *Verwende die angegebenen Wörter und vervollständige die Sätze.*

наследник   возможно   власть   советский   главный
капиталистический   обе   нехороший   перестать
недостаток   оправдать

1. Они были бы у _____ и сегодня.

2. Для молодого немца СССР – это что-то _____ .

3. Они были убеждены, что новое общество станет справедливее

   _____ .

4. Неужели вы думаете, что такое действительно _____ ?

5. Именно это он считал _____ ошибкой коммунистов.

6. Я думаю, что в _____ системах есть много _____ .

7. Эти преступления ничем нельзя _____ .

8. _____ , пожалуйста, говорить ложь и обманывать!

9. Эта барыня была очень богатой, но _____ у неё не было.

10. В _____ Союзе было всё: и положительное, и отрицательное.

10 Verändere die Wortverbindungen so, daß Partizipien entstehen.

1. ученики, которые читают, это – _____

2. вопрос, который всё решает, это – _____

3. люди, которые трудятся, это – _____

4. люди, которые провожают (например, на вокзале или в аэропорту)

   других людей, это – _____

5. те, кто учится, это – _____

6. люди, которые голодают, это – _____

7. семья, которая живёт в этой квартире, это – _____

8. если ты любишь этого писателя больше всех других – это твой

   _____

9. если встреча была особенно интересной и о ней ты не

   хочешь забывать – это _____

10. ученик, который опоздал на урок, это – _____

11. учебник, который исчез, это – _____

12. тот, кто обманул, это – _____

13. тот, кто сделал ошибку, это – _____

14. тот, кто выключил микрофон, – _____

15. книга, которую ты прочитал, – _____

16. письмо, которое ты написал, – _____

17. если ресторан не работает, то он – _____

18. если кафе работает, то оно – _____

11 Unterstreiche die Partizipien. Übersetze die Sätze anschließend ins Deutsche und schreibe sie in dein Heft.

1. Провожающие, выйдите из вагонов!
2. На демонстрацию вышли все трудящиеся города.
3. На столе лежало прочитанное письмо.
4. Воспитанные люди не станут ходить по музею в пальто.
5. Студентка, хорошо говорящая по-немецки, сдала экзамен на «отлично».
6. Давайте встретимся в ресторане «Русь», находящемся в центре города.
7. В этой школе много бросающихся в глаза недостатков.
8. Соревнования, проводимые на центральном стадионе, прошли очень успешно.
9. Проблема, изучаемая нами сегодня, является довольно сложной.
10. Студенты, получившие диплом врача, поедут работать на Урал.
11. Гости, приглашённые на ужин, немного опоздали.
12. Сегодня вам надо поехать и взять в кассе заказанные вчера билеты.
13. Меня интересует, в каком году было построено здание Московского государственного университета?
14. Для немцев, изучающих русский язык, всегда бывает интересно поехать в Россию.

12 Ergänze die Endungen.

1. Семнадцатилетн_____ Марина из Петербург_____ учит немецк_____ язык.

2. Её мама, Ольга Петровна, – учительниц_____ немецк_____ язык_____ .

3. В Герман_____ у неё много немецк_____ знаком_____ , особенно в Лейпциг_____ .

4. В прошл_____ год_____ Ольга Петровна вместе с дочк_____ провели летн_____ каникул_____ в Крым_____ .

5. Я с удовольств_____ поехала бы лет_____ , а именно в июл_____ , в Росс_____ .

6. У директор_____ наш_____ школ_____ никогда нет врем_____ .

7. Перестань, пожалуйста, убеждать меня в том, что сам_____ главн_____ для русск_____ народ_____ является демократ_____ .

8. Неужели ты действительно убеждён в том, что политик_____ интересуют подлинн_____ интерес_____ народ_____ ?

9. Справедлив_____ обществ_____ я не знаю.

10. Сам_____ главн_____ то, что в каникул_____ у меня будет много свободн_____ врем_____ .

11. Мне не хотелось бы жить в обществ_____ без демократ_____ .

12. У это_____ учителя, конечно, есть много недостатк_____ , но он всегда остаётся справедлив_____ к ученик_____ .

13. По-моему, в кажд_____ человек_____ есть много положительн_____ и отрицательн_____ .